OBSÈQUES

DE

M. EUGÈNE DUCAMP

député du Gard

Lascours, 30 décembre.

Comme vous l'avez annoncé, les obsèques de notre regretté député M. Eugène Ducamp ont eu lieu hier dimanche à 11 heures du matin. Dès la première heure, les routes étaient sillonnées par de nombreuses voitures se rendant à Lascours. Les trains de chemin de fer de Ners, Vézénobres, etc avaient aussi apporté leur contingent d'amis qui voulaient rendre leurs derniers devoirs à celui qui n'est plus. Toutes les communes du canton de Vézénobres et bon nombre de communes de la 1re circonscription d'Alais avaient envoyé des délégations.

Les loges maçonniques de Nimes et d'Alais avaient aussi envoyé leurs délégués. Une foule immense se pressait sur la route, aux abords de la maison Ducamp, attendant l'heure des funérailles.

A 10 heures, la foule profondément émue, respectueuse et receuillie, a commencé de défiler dans le salon où était déposé le cercueil.

Favorisées par un temps splendide les obsèques ont eu lieu à onze heures.

Le corps de M. Ducamp renfermé dans un triple cercueil était porté par six personnes. Il a été déposé provisoirement dans un champ spacieux attenant au château. La foule entourait le cercueil.

Le deuil était conduit par les fils et les frères du défunt. Nous avons remarqué dans l'assistance M. Bousquet, député ; M. Mallet, ancien député ; MM. Penchinat, Claris, Desmons, Veillon, Jac. Boudon, conseillers généraux. Venaient ensuite les vénérables des Loges maçonniques de Nimes et d'Alais, suivis des délégations de chacune de ces loges. Suivaient de nombreux amis du défunt, des maires du canton et de l'arrondissement, etc., etc. La foule qui assistait aux funérailles peut être évaluée à plus de huit mille personnes.

M. Huet, président du cercle philantropique, s'est avancé et, au nom des membres de la Loge de Nimes, a déposé une couronne d'immortelles sur le cercueil.

M. Desmons est venu après M. Huet rendre hommage à la mémoire de l'ancien conseiller général du canton de Vézénobres en déposant une couronne au nom de ce canton.

Enfin, M. le maire de Cassagnoles a apporté une troisième couronne d'immortelles au nom de sa commune.

M. le pasteur Grotz, de Nimes, a prononcé ensuite un éloquent discours dans lequel il a retracé la vie et les qualités du défunt.

M. Albin Ducamp, frère de M. Eugène Ducamp a, d'après la dernière volonté de son frère, demandé à M. Penchinat de prendre la parole.

M. Penchinat s'est alors exprimé en ces termes :

Messieurs,

En souvenir d'une vieille et fidèle amitié, Eugène Ducamp a voulu que je lui rende témoignage sur sa tombe. Je parlerai de lui, comme il aurait désiré qu'on en parlât : avec sincérité et avec simplicité ; aussi bien, il n'était pas de ces hommes dont il est nécessaire d'embellir le portrait. Ceux qui ne le connaissaient que par le dehors, étaient séduits par sa physionomie ouverte et franche, par son caractère aimable et expansif, par sa loyauté chevaleresque ; ils étaient entraînés par sa parole enthousiaste et par les saillies soudaines de son esprit, rare mélange de bon sens, de gaîté et de mélancolie ; ils aimaient en lui l'artiste, le lettré, le rêveur plein d'originalité et d'*humour*. Mais ne le connaissant que par ses qualités extérieures, ils ne le connaissaient qu'à moitié. Seuls ceux qui l'ont aimé et qui ont vécu dans son intimité ont pu savoir quelle était sa valeur morale, et combien son cœur était supérieur à son intelligence.

Il appartenait à cette génération pleine de vie, d'élan et d'aspirations généreuses — qui était entrée dans la vie publique vers la fin du règne de Louis Philippe — et qui avait eu la douleur, au moment où l'avenir semblait s'ouvrir devant elle, d'assister à la ruine de la République, et à l'anéantissement de la liberté politique ; il avait partagé les croyances et les illusions de ses contemporains. Comme eux, il avait cru à la raison, à la liberté, au droit, au progrès, à la démocratie, et depuis la révolution de 1848, qu'il salua avec transport, il ne cessa jamais d'y croire.

Ils ne sont pas rares les hommes qui, ayant embrassé une grande cause dans le feu de la jeunesse, la délaissent et la trahissent sous l'influence délétère de l'âge, des préoccupations matérielles et des ambitions égoïstes. Notre ami n'était pas de ceux qui renient l'idéal qu'ils ont servi. Rien ne put lui faire abandonner les principes de justice et de vérité qu'il avait adoptés avec toute la force de sa raison et de son cœur ; ils dominèrent sa vie et furent la règle de ses actions ; ni l'exil, ni la transportation, ni la ruine sous la forme la plus odieuse, ni l'étouffement du despotisme ne purent entamer sa foi et attiédir ses ardeurs.

Qui de nous n'a connu sa sollicitude pour

les faibles et pour les opprimés auxquels il tendait une main fraternelle, — son dévouement constant, son profond amour pour le peuple ? — Avec quel transport il accueillait toutes les réformes, tous les systèmes qui pouvaient contribuer à l'amélioration morale et matérielle des classes laborieuses ! — Quelle passion pour la vérité, quelle horreur du mensonge ! — comme il détestait ce qui était vil et bas — quelles superbes colères contre les lâchetés, les trahisons contre le mal sous toutes ses formes ! Toutes les idées utiles, toutes les découvertes qui pouvaient hâter le progrès, trouvaient en lui un défenseur convaincu, un propagateur infatigable. En toute rencontre : à la campagne, à la ville, dans les cercles, dans les réunions privées, tantôt par la discussion, tantôt par l'enseignement direct, il s'efforçait de faire pénétrer dans les esprits les vérités dont il s'était fait l'apôtre. Il défendait ses idées avec une vivacité, qui allait, quelquefois, jusqu'à l'emportement ; mais il ne lui arrivait jamais d'être amer ou blessant pour ses adversaires ; il avait été cruellement et injustement frappé ; mais le mal qu'on lui avait fait n'avait pas altéré sa bonté native, et en nos temps, hélas ! où la haine déborde, il restait bon, bienveillant, et il avait su se faire des amis sincères dans toutes les classes et dans tous les partis.

Les souffrances physiques et morales qu'il avait endurées avaient agi sur ses idées et sur ses croyances comme le feu agit sur le métal ; elles s'étaient épurées au dur contact de l'expérience, il avait vite appris quelle distance sépare l'idéal de la réalité ;

mais loin de se décourager devant les difficultés et les obstacles, il redoublait d'efforts et se prodiguait généreusement pour faire tout le bien possible, pour corriger et améliorer, dans la mesure où le permet la faiblesse humaine, nos lois et nos institutions imparfaites, et pour se rapprocher pas à pas du monde de paix, d'harmonie et de bonheur qu'un réformateur de génie lui avait fait entrevoir.

Notre ami, et je ne le défends pas de ce reproche que les sceptiques et les égoïstes ne mériteront jamais. rêvait une société meilleure que la nôtre ; mais ses rêves ne le détournaient pas des réalités. Pour assurer le présent et préparer l'avenir, il voulait fonder la République et organiser, sur de larges bases, une démocratie libérale ouverte à tous les talents et à toutes les bonnes volontés.

C'est à ce grand œuvre, à ce devoir sacré qu'il a consacré ses dernières forces. Quand ses concitoyens lui eurent ouvert les portes du Parlement, quand il eut obtenu la seule récompense qu'il eût ambitionnée, le suprême honneur qui couronnait sa carrière, on vit son énergie grandir avec sa responsabilité. Le 16 mai remettait en question l'existence de la République; il se prépara à la défendre, fût-ce au prix de nouveaux et plus grands sacrifices.....

Hélas ! il avait usé, dans cette dernière lutte, tout ce qui lui restait de force et de vie. Son esprit était plein de jeunesse, mais son corps était miné par les émotions, les patriotiques anxiétés et les souffrances. Il succomba ; mais, avant de mourir, il put assister à la victoire de la République , et il put croire, consolation suprême , que cette victoire serait décisive.

Il n'est plus ! C'est une perte irréparable pour celle qui l'aima dans l'exil et dans le malheur; pour ses fils , qui l'adoraient; pour ses frères, dont il était la joie et l'orgueil ; c'est un grand deuil pour ses amis, pour ses concitoyens., qui savaient qu'aux heures graves , ils pouvaient compter sur lui.

Il n'est plus ! — Mais sa vie a été une noble vie. Il connut des jouissances plus hautes que celles que peut donner la satisfaction des désirs matériels; il a été bon ; il a aimé, et il a été aimé ; il s'est dévoué à la plus sainte des causes, et il a contribué, dans la mesure de ses forces, à son triomphe. Il a connu les joies profondes que donne aux âmes d'élite le sentiment du devoir accompli ; si traversée, si tourmentée, si courte, au gré de nos désirs, qu'ait été son existence, elle est digne d'envie.....

La mort a mis un terme à ses fatigues , à ses agitations. — Il repose, en attendant ce réveil qui fut l'objet de sa foi profonde. — Nous le quittons pour rentrer dans la vie et dans la lutte; mais nous serons fidèles à sa mémoire ; nous aimerons ceux qu'il a tant aimés ; et puissions-nous, quand nous irons le rejoindre, mériter, comme lui, qu'on nous regrette et qu'on nous pleure !

M. Bousquet, député du Gard, s'est exprimé comme suit au nom de la députation du Gard :

Messieurs ,

En partant de Paris il y a dix jours, je ne pouvais m'attendre à prendre la parole sur la tombe de notre ami et collègue Eugène Ducamp. Quelque grave que fût la maladie dont il était atteint, quelques inquiétudes qu'elle pût nous inspirer, nul ne pouvait prévoir une fin aussi rapprochée, et si vous l'eussiez entendu causer avec moi, quelques jours avant sa mort, des dangers que pouvait courir la République et des mesures à prendre pour réprimer toute tentative de coup d'état , vous auriez trouvé en lui le jeune homme de 1851. Son langage plein d'une juvénile ardeur contrastait péniblement avec la paleur de son visage, et cet ami qui devait nous être enlevé quinze jours après se sentait encore les forces nécessaires pour soutenir une dernière et suprême lutte. Eugène Ducamp était un homme de conviction, il avait la foi politique et jusqu'à l'heure de sa mort, il a été préoccupé des intérêts généraux du pays et de l'avenir de la République.

Né à Lascours en 1820, notre ancien collègue, à sa sortie du lycée, fit son cours de droit et fut reçu avocat. Libéral et déjà républicain sous la monarchie de Juillet, il accueillit avec enthousiasme la révolution de 1848. A partir de cette époque, il n'a cessé de combattre à côté d'amis qui, comme lui, sont toujours restés fidèles à leurs convictions politiques, et sous la direction de ceux qui, en ce moment, avaient mérité l'estime et la confiance des républicains du département du Gard, par les luttes qu'ils avaient déjà soutenues depuis près de vingt ans pour le triomphe des idées libérales et républicaines.

Jeune encore, il ne pouvait croire qu'un président de République, élu pour la protéger et la défendre, pût tourner contre elle les forces mises à sa disposition ; mais il était bien décidé à résister même par la force à toute tentative criminelle de coup d'Etat. Sa fermeté, son énergie bien connues, son intelligence, l'influence légitime dont il commençait à jouir, le désignaient suffisamment à l'attention de ceux qui, disposés à trahir leurs serments, prêtaient leur concours à l'homme de Décembre.

Qui de nous pourrait avoir oublié cette nuit fatale du 2 décembre 1851 ? Qui de nous, à la suite des massacres commis, d'abord sur les boulevards de Paris et ensuite dans toutes les localités où de courageux défenseurs de la Constitution avaient osé songer à organiser la résistance, n'a pas tremblé pour un père, pour un fils ou pour un ami. Eugène Ducamp ne pouvait espérer echapper à la proscription ; comme tant d'autres, il préféra prendre le chemin de l'exil, et se retira en Suisse, où il resta pendant 3 ans.

Rentré à Nimes, il devint, grâce à des sacrifices considérables, l'agent général de la C° le *Phénix*.

Ce poste très-envié ne tarda pas à être pour lui la cause de nouveaux malheurs. Il exerçait cette nouvelle fonction depuis 2 ans seulement lorsque, le 21 avril 1858, il fut brusquement arrêté. La loi de sûreté générale venait d'être votée, toutes les garanties légales qui existaient en faveur de la liberté individuelle étaient supprimées, et le nouveau ministre de l'intérieur, le général Espinasse, profitant des pouvoirs nouveaux qui lui étaient conférés, déterminait le nombre d'arrestations qui devaient avoir lieu dans chaque département.

M. Pougeard-Dulimbert, préfet à Nimes, avait choisi ses premières victimes parmi les citoyens les plus obscurs; notre ami pouvait se croire sauvé, lorsqu'il fut invité par un agent de police à se rendre à la préfecture où il fut arrêté. Conduit à la maison d'arrêt, garotté comme un malfaiteur, il partit le lendemain matin pour Marseille, escorté de gendarmes l'arme au poing, et le soir même de son arrivée il était embarqué sur le « Titan » qui le transporta en Algérie. Soit pendant les quelques heures qu'il passa en prison à Nimes, soit pendant la traversée, aucune humiliation ne lui fut épargnée et cette nature si noble et si fière connut toutes les tortures de la captivité. Le maire de Nimes obtenait aussitôt le poste laissé vacant, sans être obligé de verser entre les mains du titulaire la moindre somme, alors que des négociants très-honorables de notre ville avaient offert de 60 à 100,000 fr.

Rentré en France après l'amnistie, il se présenta au conseil général dans le canton de Vézénobres. Nommé par ses concitoyens, il rentra comme l'élu du suffrage universel dans cette préfecture où il trouva encore le fonctionnaire qui l'avait fait arrêter quelques années auparavant. Depuis lors jusqu'à ces derniers temps il n'a cessé de représenter le canton de Vézénobres au conseil général ; avec quelle intelligence , vous le savez aussi bien que moi vous tous qui lui accordiez vos suffrages.

Il passa les dernières années de l'Empire à lutter pour la liberté. Qui de vous ne se rappelle la propagande active qu'il faisait pour les candidats de l'opposition contre les députés officiels. Membre de tous les comités républicains, prenant la parole dans les diverses réunions privées ou publiques qui s'organisaient à cette époque , il attendait du suffrage universel la condammation du régime impérial. Nul ne pouvait à ce moment prévoir que le criminel du 2 Décembre déclarerait la guerre à un peuple voisin sans s'être assuré des troupes dont il pouvait disposer, et des approvisionnements qui pouvaient être en magasins.

Les désastres de Reischoffen , de Sedan remplirent nos esprits de patriotiques angoisses, et la chute de l'empire survenue le 4 septembre imposa à tous les républicains le devoir de tenter les derniers efforts pour sauver au moins l'honneur français.

Nommé sous-préfet à Alais par le préfet du Gard, son ami, notre honorable sénateur Laget, auquel les républicains du département ont dans toutes les occasions témoigné leur reconnaissance pour les services qu'il a rendus à notre cause, Eugène Ducamp s'acquitta de ses fonctions avec quel dévouement, vous seuls pouvez le dire. Tous ses efforts furent dirigés vers l'organisation de la Défense nationale, et le secrétaire général du ministre de l'intérieur, Jules Cazot, le porte-drapeau infatigable de la République dans notre département sous l'empire , le sénateur qui aurait bien voulu assister à cette cérémonie mais que des devoirs supérieurs ont rappelé à Versailles , appréciant à leur juste valeur les services rendus par notre ami dans le poste modeste qu'il avait bien voulu accepter, lui confia la préfecture importante de la Nièvre. Il faut entendre parler de lui les députés de ce département ; accueilli avec une certaine réserve, il ne tarda pas à être l'ami de tous les républicains de Nevers. Demandez au docteur Turigny ce qu'il pense de son ancien préfet devenu plus tard son collègue : il vous dira que pendant les quelques mois par lui passés dans ce département, Ducamp a rendu les plus grands services.

L'heure était venue où les républicains du département du Gard devaient songer à lui donner ce témoignage d'estime et d'affection qu'il considérait à juste titre comme le plus grand honneur qu'un homme puisse recevoir. Porté sur la liste républicaine du département pour les élections à l'Assemblée nationale, il échoua avec tous ses amis , mais quelques années après, lorsque cette dernière eut nommé sénateur inamovible l'ancien secrétaire général de Gambetta , Eugène Ducamp était tout désigné pour représenter dans la nouvelle Chambre des députés la première circonscription d'Alais.

Nul n'avait souffert comme lui pour la République, nul ne pouvait mieux représenter cet arrondissement dont il connaissait les besoins et avec lequel il était en parfaite communion de sentiments et d'idées. Seul candidat républicain choisi par le comité d'Alais, il obtint 9,151 voix et fut proclamé député.

Depuis lors vous ne l'avez pas perdu de vue, vous avez pu vous rendre compte des votes par lui émis, et vous avez pu vous convaincre qu'il n'a pas cessé un seul instant de songer à l'affermissement de la République. Membre de l'Union républicaine, il a suivi la politique de ce groupe aux réunions duquel il assistait avec la plus grande assiduité. Cette vie pleine d'émotions nuisait à sa santé et dès les premiers mois de 1877 il pouvait se rendre compte des progrès de la maladie dont il était déjà atteint depuis longtemps. Les événements qui se sont succédés n'étaient pas de nature à lui procurer le calme dont il aurait eu besoin.

Après le 16 mai notre ami, l'un des 363, ne pouvait hésiter à se représenter à vos suffrages ; ce n'est pas au moment où un danger quelconque pouvait exister que l'ancien exilé de 1851, le transporté de 1858 pouvait songer à prendre du repos.

Réélu le 14 octobre par 9538 suffrages, il était à son poste quelques jours après, ayant renoncé à se représenter au conseil général dont il faisait partie depuis plus de douze ans.

Revenu à Versailles, notre collègue ne pouvait se dispenser de se rappeler les événements de 1851, et tout en reconnaissant la profonde différence qui existait entre les deux situations, il craignait que le président d'aujourd'hui comme celui d'alors, ne voulut faire un coup d'Etat. Préoccupé comme nous tous de cette idée, il ne songeait qu'aux moyens à prendre pour organiser la résistance légale.

Notre ami a été assez heureux pour voir avant sa mort le triomphe de cette cause à laquelle il avait consacré sa vie tout entière. Le projet du coup d'Etat, s'il y en a eu un, n'avait pu aboutir, et le ministère du 13 décembre était déjà constitué. Il a pu croire que les difficultés de l'heure actuelle étaient surmontées, et que la République serait à l'avenir à l'abri de toute espèce de surprise.

On vous a parlé de l'homme privé, de l'ami, j'ai voulu vous retracer en quelques mots sa carrière politique. Permettez-moi en terminant de rendre un dernier hommage à la mémoire de cet excellent collègue, si ferme, si résolu, si inébranlable dans ses convictions à une époque pendant laquelle, grâce aux nombreux gouvernements qui se sont succédés la fidélité aux principes a été si rare.

Il est bien difficile de savoir ce que l'avenir nous réserve ; mais ayons toujours présent à la mémoire le souvenir de celui que nous accompagnons à sa dernière demeure, il nous apprendra, si les circonstances redeviennent difficiles, à souffrir pour la cause qui nous est chère ; et si, au contraire, la République définitivement victorieuse n'a plus d'épreuves à traverser, rappelons-nous que c'est aux souffrances de la génération qui nous a précédés que nous devons l'inestimable bienfait de la République ; témoignons notre reconnaissance à la famille de celui que nous pleurons en ce moment, à ces jeunes enfants sur lesquels se reporte toute l'affection que nous avions pour le père. Qu'ils marchent sur ses traces, ils nous trouveront toujours à côté d'eux pour les encourager, les soutenir et les aider.

Le cortége a ensuite repris sa marche et

le corps a été dirigé vers le caveau cons-
truit dans la maison d'habitation. La
foule a accompagné le cercueil jusqu'à
l'entrée du caveau où il a été descendu.

La funèbre cérémonie était terminée
vers midi et demi.

———

Nimes. — Clavel-Ballivet, rue Pradier, 12.

www.ingramcontent.com/pod-product-compliance
Lightning Source LLC
LaVergne TN
LVHW020439060726

842525LV00006B/2454